ORDRE DES AVOCATS

PRÈS LA COUR D'APPEL DE DIJON

LA LOI BÉRENGER

ÉTUDE SOMMAIRE

DES DIFFICULTÉS PRATIQUES QUE SOULÈVE LA SUSPENSION DES PEINES

PAR

Paul RENCKER

AVOCAT A LA COUR D'APPEL, LAURÉAT DE LA FACULTÉ DE DROIT

DISCOURS

Prononcé à l'ouverture de la Conférence des Avocats

Le 17 décembre 1892.

DIJON

IMPRIMERIE EUGÈNE JOBARD

Place Darcy, 9.

ORDRE DES AVOCATS

PRÈS LA COUR D'APPEL DE DIJON

LA LOI BÉRENGER

ÉTUDE SOMMAIRE

DES DIFFICULTÉS PRATIQUES QUE SOULÈVE LA SUSPENSION DES PEINES

PAR

Paul RENCKER

AVOCAT A LA COUR D'APPEL, LAURÉAT DE LA FACULTÉ DE DROIT

DISCOURS

Prononcé à l'ouverture de la Conférence des Avocats

Le 17 décembre 1892.

DIJON

IMPRIMERIE EUGÈNE JOBARD

Place Darcy, 9.

LA LOI BÉRENGER

ÉTUDE SOMMAIRE

DES DIFFICULTÉS PRATIQUES QUE SOULÈVE LA SUSPENSION DES PEINES

————— ·✳· —————

MONSIEUR LE BATONNIER,
MESSIEURS,

Les suffrages trop bienveillants de mes chers confrères du jeune Barreau m'ont confié la mission, à laquelle je suis très sensible, d'inaugurer les conférences du Stage par le discours qui chaque année précède la reprise de nos travaux. Dès les premiers mots, j'ai à cœur d'exprimer mes sincères remerciements pour la marque d'honneur dont j'ai été l'objet; je suis heureux et fier de prendre la parole dans des circonstances si particulièrement flatteuses, devant les sommités de l'Ordre, qui par leur présence rehaussent l'éclat de cette séance solennelle, et nous donnent un nouveau témoignage de l'intérêt qu'ils nous portent.

Comment me montrer digne d'une telle preuve d'estime? Il m'a semblé que vous prêteriez une attention favorable à l'examen d'une loi relativement récente, dont l'application est devenue journalière, la loi du 26 mars 1891, qui dans l'usage courant est désignée à juste titre par le nom de son auteur, M. le sénateur Bérenger.

Assurément un pareil sujet n'est pas neuf : bien des discours déjà, l'un des plus remarquables a été prononcé à quelques pas d'ici (1), ont défini avec un soin minutieux le sens exact de la modification profonde que la loi Bérenger apporte dans notre système pénal; le côté philosophique de cette loi a été analysé avec une finesse que je n'ai pas la prétention d'égaler (2), et sur ce terrain je pense comme la Bruyère que « tout est dit et que je viens trop tard ».

Aussi je renonce à toute dissertation critique ou doctrinale; mon infériorité serait trop visible, et je ne veux même pas essayer de faire ici une pâle copie des modèles oratoires, que les séances de rentrée des cours et la discussion devant les Chambres fournissent en grand nombre.

Mon but est moins élevé, mon entreprise plus modeste. Ce n'est plus le moment de donner des conseils au législateur, de combattre une mesure qui, aux yeux de quelques esprits timorés, constitue un dangereux affaiblissement de la répression; la loi est votée; bonne ou mauvaise, il faut la considérer et la prendre telle qu'elle est. Vous comprenez par là que j'entends rester dans le domaine de la pratique; j'écarterai même, bien qu'il m'en coûte, les précédents que nous offre notre ancienne jurisprudence (3), et les institutions analogues qu'on peut rencontrer dans les pays

---

(1) *La Loi du pardon*, discours prononcé à l'audience solennelle de rentrée de la Cour, par M. l'avocat général Bernard, le 16 octobre 1890.

(2) Consulter surtout : Rapport de M. Bérenger au Sénat le 6 mars 1890. (*Journal officiel* du 29 mai 1890, annexes, p. 67, n° 27.)

Rapport de M. Louis Barthou à la Chambre des députés le 6 décembre 1890. (*Journal officiel* du 30 janvier 1891, annexes, n° 1067, p. 463.)

(3) Merlin nous apprend que dans notre ancien droit l'*admonition* était usitée pour les infractions légères. « Elle consistait dans une réprimande que le juge faisait à l'inculpé en l'avertissant d'être plus circonspect à l'avenir et de ne plus retomber dans la même faute, à peine d'être puni plus sévèrement. » Répertoire de jurisprudence, v° *Admonition*.

étrangers (1). Ces questions d'histoire et de législation comparée trouvent naturellement place dans des monographies spéciales, dans des commentaires complets; elles sortent du cadre restreint d'un discours qui étudie sommairement la teneur d'une loi promulguée. Je m'attacherai donc uniquement à l'application et aux effets de la loi Bérenger; à quelles difficultés d'interprétation donne-t-elle naissance, et quels résultats produit-elle? Voilà les seuls points que je traiterai.

Nous avons tous l'idée générale de la loi Bérenger; tous, nous en avons suivi avec intérêt la lente élaboration qui n'a pas duré moins de sept ans (2), et le résumé très succinct que je vais présenter n'apprendra rien à personne. La loi, simple épisode de la lutte engagée depuis longtemps déjà contre le fléau le plus redoutable de notre société moderne (3), tente, suivant la métaphore chère aux criminalistes, « d'opposer une digue au flot montant de la récidive ». Deux moyens sont employés : d'une part, atténuation de la peine pour le condamné primaire; d'autre part, aggravation pour le malfaiteur incorrigible.

L'atténuation consiste dans la faculté concédée aux cours et tribunaux de suspendre provisoirement l'exécution de la peine qu'ils prononcent, et le sursis devient définitif au bout de cinq années, si pendant cette période la conduite du condamné a répondu aux espérances du juge. Je n'en dis pas davantage, me réservant d'insister plus longuement sur cette première face de la loi Bérenger.

---

(1) La réprimande existe avec le caractère de peine prononcée dans certains cas spéciaux en Russie, en Allemagne, en Espagne. Elle peut être substituée à la peine de l'emprisonnement en vertu d'une sorte de grâce admise par le juge en Portugal, en Italie. — En Angleterre, les tribunaux ont la faculté de surseoir au jugement pendant un délai qu'ils fixent. Si au bout de ce délai l'inculpé n'est l'objet d'aucune plainte, la poursuite est abandonnée définitivement; si au contraire il commet un nouveau délit, l'action est reprise et la condamnation prononcée. Enfin en Belgique la loi du 31 mai 1888 a établi un système très analogue à celui de la loi Bérenger.

(2) En effet, la première proposition sur l'aggravation progressive des peines en cas de récidive et sur leur atténuation en cas de premier délit a été présentée au Sénat par M. Bérenger le 26 mai 1884 (*Journal officiel* du 2 juillet 1884, annexes, p. 226, n° 159.)

(3) De 69,809 en 1875, le chiffre des récidivistes s'est élevé à 98,159 en 1889.

Mais à côté de la clémence, la sévérité. C'est la contre-partie des dispositions que j'indiquais tout à l'heure. Obligé de me borner, je n'aborderai pas ce second aspect de la loi. Bien que concourant au même but que le premier, il met en jeu un procédé non seulement différent, mais même contraire. On veut frapper avec une rigueur particulière le délinquant professionnel, l'hôte habituel des prisons. Mais lorsque je m'exprime ainsi, je dis plutôt ce que le législateur a eu l'intention de faire que ce qu'il a fait en réalité. Par suite de modifications nombreuses, correspondant à divers ordres d'idées, même à des considérations politiques (1) qu'on s'étonne de voir invoquer en pareille matière, le projet, primitivement bien conçu, a perdu une partie de son originalité et, je le crains, de son efficacité. De plus, une erreur matérielle, provenant d'une regrettable inadvertance de M. Bérenger et de M. le Président du Sénat (2), a faussé l'esprit de la grande récidive de délit à délit, et, dans une espèce intéressante, la cour de Paris a dû constater (3) qu'un individu ayant subi cinquante-trois condamnations, récidiviste au sens de l'ancienne loi, ne pouvait plus être traité comme tel aux termes de la loi de 1891. Celle-ci, loin d'augmenter, a au contraire notablement diminué les peines de la récidive par deux innovations contestables : la spécialisation et la prescription quinquennale. L'aggravation se réduit à la création de la petite récidive correctionnelle, et encore, le juge reste maître d'en écarter les conséquences en appliquant l'article 463 du Code pénal. Je suis donc en droit de conclure que le résultat poursuivi par le second moyen n'a été réalisé que d'une façon très imparfaite.

Il est temps de revenir à la suspension des peines, dont désormais je vais m'occuper exclusivement.

---

(1) Discours de M. Barthou, rapporteur, à la Chambre des députés, séance du 3 mars 1891. (*Journal officiel* du 4 mars 1891, p. 494.)

(2) Séance du 19 mars 1891. (*Journal officiel* du 20 mars 1891, p. 195.) Consulter au sujet de ce malentendu législatif l'un quelconque des commentaires cités à la fin de cette brochure.

(3) Paris, 9 avril 1891. D. P. 91, 2, 298.

Aussitôt promulguée, la loi Bérenger donnait lieu à de nombreuses controverses. Les auteurs commentaient à l'envi ces quelques articles qui améliorent véritablement notre système répressif. La doctrine prévoyait bien par anticipation quelques-unes des difficultés qui allaient être soulevées, mais la pratique, plus ingénieuse encore, en découvrait de nouvelles, qui avaient échappé à la sagacité des esprits les plus juridiques. Mentionner tous ces débats serait faire preuve d'une érudition fastidieuse. A quoi bon chercher par exemple s'il y a incompatibilité entre le sursis et la peine accessoire de l'emprisonnement, qui peut, doit même quelquefois, accompagner la dégradation civique, alors qu'en quatre-vingts ans la dégradation civique a été infligée six fois? Je laisse dans l'oubli toutes ces querelles d'école dont jamais les tribunaux ne seront saisis. D'un autre côté, je craindrais vraiment d'abuser de votre patience, en posant des problèmes trop arides, en me livrant à des computations de délais qui lasseraient bien vite l'attention la plus soutenue.

Ayant enfin délimité le sujet de mon discours, je puis me demander quelle règle d'interprétation je devrai suivre. La réponse s'impose. La loi Bérenger revêt un caractère de faveur nettement tranché, elle est, selon la cour de Douai (12 janvier 1892) (1), « pleine d'une mansuétude immense », l'interprétation doit donc être extensive. Il ne faut pas s'arrêter aux seules hypothèses que le législateur a réglées, mais transporter ses solutions dans toutes celles qu'il n'a pas expressément exclues. Si de la sorte on aboutit parfois à des résultats dangereux en apparence pour l'ordre social, pourquoi s'en alarmer? La suspension de la peine est toujours facultative, et, comme l'a dit le rapporteur à la Chambre des députés, « le juge ne recourra à ce pouvoir exceptionnel que dans des cas où la situation du condamné, son passé, son attitude, les faits de la cause, imposent l'indulgence à sa conscience et la justifient aux yeux de l'opinion publique (2) ».

(1) D. P. 92, 2, 286.
(2) Rapport de M. Barthou à la Chambre des députés le 6 décembre 1890. (*Journal officiel* du 30 janvier 1891, annexes, p. 463, nᵒ 1067.)

Muni d'une règle d'interprétation que je m'efforcerai de ne jamais perdre de vue, je suis à même d'aborder les principales discussions suscitées par la loi du 26 mars 1891. Elles se rattachent toutes à un petit nombre d'idées.

1° Le sursis peut-il toujours être accordé, ou faut-il tenir compte des antécédents du condamné?

2° Quel est le domaine de la loi? Régit-elle toutes les matières? Est-elle spéciale à certaines juridictions?

3° La suspension prononcée, quel est l'effet de la conduite du condamné pendant le délai de cinq ans?

4° Enfin, quelle est la nature propre de la suspension?

Lorsqu'on étudie la loi Bérenger, il faut se mettre en garde contre une confusion qu'une lecture superficielle pourrait faire commettre, et que, je vous le démontrerai bientôt, la jurisprudence elle-même n'a pas toujours su éviter. La loi considère trois périodes de temps différentes, le passé, le présent et l'avenir, si je puis m'exprimer ainsi. Il faut dans chacune de ces périodes de temps envisager l'éventualité d'une infraction, suivie bien entendu de condamnation (je n'énoncerai plus désormais cette condition toute simple). Un prévenu (j'en dirais autant d'un accusé) est poursuivi devant un tribunal (ou une cour), il demande l'application de la loi Bérenger, voilà l'*infraction actuelle;* on s'aperçoit qu'il a déjà été condamné, le sursis doit donc être refusé à raison de l'*infraction antérieure;* ou bien au contraire le casier judiciaire est vierge, la suspension de la peine est possible et elle est ordonnée; mais avant cinq ans révolus, nouvelle comparution devant la justice, d'où déchéance du sursis; telle est l'*infraction postérieure*. Or, si l'*infraction antérieure* et l'*infraction postérieure* sont identiques, si donc elles peuvent sans inconvénient faire la matière d'un examen simultané, il n'en est plus de même de l'*infraction actuelle*, que la loi définit par des termes d'une portée beaucoup plus générale. Rechercher les caractères de l'*infraction actuelle,* c'est fixer le domaine de la loi Bérenger, question que je réserve; pour le moment, je m'en tiens à l'*infraction antérieure* et à l'*infraction posté-*

— 9 —

rieure; pour employer un langage moins didactique, je me demande quelles condamnations empêchent l'admission ùltérieure d'un sursis, et quelles condamnations font perdre au délinquant le bénéfice d'un sursis autrefois accordé.

La solution est donnée par les paragraphes 1 et 2 de l'article 1, ce sont les condamnations à la prison pour crimes ou délits de droit commun (1). Tout le monde reconnaît que cette rédaction exclut les condamnations à l'amende en toutes matières, et même les condamnations à l'emprisonnement encourues pour contravention de simple police. D'autre part, il va de soi que les peines de la réclusion, des travaux forcés, en un mot toutes les peines criminelles, font obstacle à l'application dans l'avenir de la loi Bérenger et entraînent l'exécution immédiate de toute condamnation antérieure prononcée conditionnellement. Il y a là un argument *a fortiori* invincible, et nulle contestation ne s'est produite.

Mais que faut-il entendre par crimes ou délits de droit commun? Cette expression est toute récente dans les monuments législatifs; elle n'apparaît nulle part avant la loi du 27 mai 1885, sur la relégation, et elle se rencontre pour la deuxième fois dans la loi du 26 mars 1891. Les travaux préparatoires ne procurent pas le moindre éclaircissement sur ce point délicat, et la jurisprudence, qui tôt ou tard devra donner une énumération limitative des crimes ou délits de droit commun, n'a pas encore eu à statuer sur cette difficulté. L'embarras de l'interprète se trahit par la contradiction des systèmes. Je crois pour ma part que nous sommes en présence d'une de ces locutions dont le sens n'est pas unique, et dans des conclusions présentées devant la Cour suprême par M. l'avocat général Sarrut, à propos d'une controverse sur laquelle je reviendrai, je relève l'aveu suivant : « Je n'ai pas à marquer le trait caractéristique du crime ou délit de droit commun,

---

(1) L'article 1, tel qu'il a été inséré dans le *Journal officiel* et ensuite dans tous les recueils de lois, parle la première fois (*infraction antérieure*) de « crime *et* délit de droit commun », et la seconde fois (*infract on postérieure*) de « crime *ou* délit de droit commun ». C'est là le résultat d'une erreur typographique. Le texte voté par les Chambres porte les deux fois « crime *ou* délit de droit commun ».

puisque la question ne se pose pas dans le litige actuel, mais il me semble que ces mots crimes ou délits de droit commun, n'ont pas de signification absolue, il faut les entendre *secundum subjectam materiam,* selon l'ordre d'idées auquel la loi se réfère. » (Cassation, 25 mars 1892.) (1) Avec des termes aussi élastiques, les opinions les plus excessives peuvent se faire jour. J'observe pourtant que l'on est unanime à ne pas ranger parmi les crimes et délits de droit commun les crimes et délits politiques. Je me rallie volontiers à cette interprétation. La loi sur la relégation oppose assez nettement (articles 2 et 3) les infractions du droit commun aux infractions politiques. De plus, cette dernière catégorie d'infraction est entourée d'une sorte de prédilection par le législateur, et la faveur nouvelle qu'elle reçoit ne surprendra personne. Sans doute, sur ce terrain brûlant, les tendances modernes peuvent être diversement jugées; à mon avis, elles sont trop entières, il y aurait place pour des distinctions. Si dans certaines hypothèses l'indulgence se comprend, se justifie-t-elle encore lorsqu'il s'agit d'actes vraiment monstrueux, de crimes de lèse-patrie? Qui oserait dire que pour eux la sévérité du Code de 1810 était exagérée? Mais ce n'est ni le lieu ni le moment d'apprécier une doctrine qui triomphe certainement. L'intention de la loi n'est pas douteuse, il faut la respecter. D'ailleurs la sagesse des magistrats écartera le danger, qui théoriquement pourrait être à redouter; et jamais, j'en suis convaincu, on ne verra un tribunal assez oublieux de ses devoirs pour accorder une suspension de peine à un homme dans le passé duquel il découvrirait une de ces infractions politiques qui rendent leur auteur indigne à l'avenir de toute espèce de pitié.

Je n'assimilerai pas aux infractions politiques les crimes ou délits connexes, c'est-à-dire les attentats contre les personnes ou les propriétés, qui se commettent à l'occasion des troubles politiques. Un lien purement accidentel les unit à ces événements, et à

(1) Conclusions de M. l'avocat général Sarrut. D. P. 92, 1, 309.

défaut d'un texte analogue à l'article 3 de la loi sur la relé-gation, ils doivent être traités comme des crimes et délits de droit commun.

Généralement on exclut aussi du nombre des infractions de droit commun les crimes ou délits militaires, j'y consens, mais je vais encore plus loin, et j'exclus toutes les infractions spéciales. Dans le langage usuel les mots crimes ou délits de droit commun sont fréquemment synonymes de ceux-ci : crimes ou délits ordinaires. Comme il faut toujours préférer l'interprétation la plus libérale de la loi de 1891, pourquoi ne pas admettre à la fois les deux sens d'une expression amphibologique, et ne pas conclure ainsi : les infractions de droit commun sont celles qui présentent le caractère négatif d'être non politiques, et le caractère positif d'être prévues par le Code pénal ? C'est le *criterium* le plus simple qu'on puisse proposer; c'est aussi celui qui, tout en dénaturant le moins la signification habituelle des termes, respecte le mieux la volonté probable des rédacteurs de la loi.

Je n'insiste pas plus longtemps sur *l'infraction antérieure* et sur *l'infraction postérieure;* je passe à *l'infraction actuelle,* je recherche le domaine d'application de la loi Bérenger. Ici, point de limitation comme tout à l'heure; sans qu'il y ait à s'occuper de la nature de l'infraction ou de la juridiction, le sursis peut être ordonné pour toute condamnation à l'emprisonnement ou à l'amende, être borné à l'une de ces deux peines lorsqu'elles sont prononcées simultanément (Cassation, 14 mai 1892) (1); le législateur confère au juge un pouvoir d'appréciation discrétionnaire. Et pourtant, malgré un texte limpide à force d'être clair, malgré l'esprit de clémence qui domine l'article 1, et que les orateurs au Sénat et à la Chambre ont proclamé à satiété, les cours de Bordeaux (14 août 1891) (2) et de Nancy (7 novembre 1891) (3), ont prétendu restreindre le bénéfice de la suspension

---

(1) D. P. 92, 1, 523.
(2) D. P. 92, 2, 61.
(3) D. P. 92, 2, 62.

aux crimes ou délits de droit commun. L'indulgence serait donc possible, pour les infractions de la plus haute gravité, mais point de pitié pour une infraction spéciale, qui souvent n'implique même pas d'élément frauduleux, et qui évidemment intéresse l'ordre social à un bien moindre degré ! Résultat étrange, qui doit faire rejeter sans scrupule un système modifiant dans la loi, contrairement aux principes les plus certains, la lettre précise favorable au prévenu !

Quelles considérations exceptionnelles ont amené les cours de Bordeaux et de Nancy à soutenir ce que j'oserais presque appeler une hérésie juridique ? Elles se sont surtout appuyées sur trois motifs.

D'abord elles ont invoqué le texte de l'article 1 de la loi de 1891, où à deux reprises sont mentionnées les condamnations pour crime ou délit de droit commun. La distinction que j'ai établie entre l'*infraction antérieure* et l'*infraction postérieure* d'une part, et l'*infraction actuelle* d'autre part, me dispense d'une plus longue réfutation.

La deuxième raison est plus spécieuse. On s'efforce de démontrer que la théorie adverse, celle que je défends, aboutit à des conséquences inadmissibles. Accordons pour un instant, dit-on, une suspension de peine à un individu coupable d'une infraction spéciale. Cet individu pendant cinq années commettra autant d'infractions spéciales qu'il voudra, et non seulement la première peine ne sera pas mise à exécution, mais encore il pourra indéfiniment demander l'application de la loi Bérenger. Je réponds à ces deux propositions. La seconde ne me touche guère : elle prévoit un danger trop improbable, et vraiment, c'est faire injure aux tribunaux que de penser qu'ils octroyeront perpétuellement des sursis à celui qui, il faut le supposer pour les besoins de la cause, se plaît à contrevenir aux lois spéciales. A la vérité, en ne sortant pas de cette dernière hypothèse, on est obligé de décider que la première peine ne sera jamais subie. Mais je ne trouve là rien d'extraordinaire. Une peine encourue, même pour crime ou délit de droit commun, resterait sans aucun doute purement comminatoire, tant que le condamné aurait la prudence de ne pas violer les dispositions du Code pénal. Ce résultat se produisant d'une manière fatale pour une première infraction de droit commun, je ne suis pas surpris qu'il soit également inévitable, en présence d'une première infraction spéciale.

Le troisième argument qu'ont fait valoir les cours de Bordeaux et de Nancy est tiré du rapprochement des articles 1 et 5 de la loi de 1891; en voici l'exposé. L'atténuation ne va pas sans l'aggravation; donc, si l'article 1 régit les infractions spéciales, il y a lieu d'en dire autant de l'article 5 : le juge sera donc contraint en cas de récidive d'infliger le double de la peine antérieure. Si l'on songe que l'article 463 est étranger aux lois spéciales, on voit combien souvent le châtiment dépassera la mesure. Une semblable rigueur ne peut être entrée dans l'esprit de la loi; celle-ci est donc complètement étrangère aux infractions spéciales.

J'observe d'abord que le motif invoqué ne convient pas à toutes les infractions spéciales, mais seulement à celles dont la peine ne saurait être tempérée par une déclaration de circonstances atténuantes; donc, logiquement, une condamnation conditionnelle serait possible en matière de contributions indirectes (1), non en matière de douane, ce qui constituerait déjà une choquante anomalie (je ne parle que de l'emprisonnement, car je réserve les difficultés propres à l'amende fiscale). Mais il y a plus, le raisonnement tout entier repose sur une véritable erreur. L'article 5 de la loi de 1891 s'est borné à changer la rédaction des articles 57 et 58 du Code pénal, or ces articles, contrairement à l'article 463, étaient généraux, ils dominaient toute notre

---

(1) En effet, l'article 42 de la loi du 30 mars 1888 portant fixation du budget général de l'exercice 1888 étend l'application de l'article 463 aux délits et contraventions prévus par la loi sur les contributions indirectes. Le 8 décembre 1890, la Chambre des députés a voté une disposition analogue pour la matière de l'octroi, mais le Sénat a résisté et la Chambre s'est inclinée.

législation répressive. S'ils avaient ce caractère avant 1891, ils l'ont apparemment conservé dans leur nouvelle teneur; sur ce point, la Cour de cassation n'a pas éprouvé l'ombre d'un doute (1) (arrêt du 4 mars 1892). C'est donc se tromper étrangement que de s'imaginer qu'en déclarant le sursis inapplicable, on sera dispensé de se soumettre aux règles de la récidive. Ces règles, communes à tous les crimes et délits quelconques, lient le juge; elles peuvent être parfois d'une sévérité regrettable; mais au législateur seul il appartient de rectifier son œuvre.

Je termine cette discussion, la plus importante qu'ait soulevée la loi Bérenger, en notant les arrêts des cours de Lyon (19 novembre 1891) (2), de Bourges (17 décembre 1891) (3), de Douai (12 janvier 1892) (4), de Besançon (29 janvier 1892) (5), qui ont repoussé le système inventé par les cours de Bordeaux et de Nancy. Enfin la Cour de cassation, le 25 mars 1892 (6), a confirmé l'arrêt de la cour de Bourges, « attendu, dit-elle, qu'aucune distinction ne se trouve ni dans l'article 1 ni dans les autres articles de la loi. » L'opinion que je viens de développer est donc définitivement victorieuse, et,

Si parva licet componere magnis,

au risque d'être accusé de fatuité en parlant de nous après avoir invoqué l'autorité des plus hautes juridictions, je vous rappellerai, mes chers confrères, que dans une des premières réunions de l'année passée, nous nous sommes, à la presque unanimité, quatre mois avant la Cour de cassation, prononcés pour l'interprétation la plus large de l'article 1 de la loi Bérenger.

---

(1) D. P. 92, 1, 440. Cette décision a confirmé un arrêt de la cour de Nancy du 14 janvier 1892. Donc à cette date la cour de Nancy appliquait à des infractions spéciales des textes que le 17 novembre 1891 elle déclarait propres aux infractions de droit commun. La contradiction est manifeste.

(2) D. P. 92, 2, 63.
(3) D. P. 92, 2, 63.
(4) D. P. 92, 2, 286.
(5) D. P. 92, 2, 64.
(6) D. P. 92, 1, 309.

Le sursis peut donc être accordé pour la peine principale de l'amende ou de l'emprisonnement, mais il ne s'étend pas plus loin. L'article 2 déclare en effet que la suspension ne comprend pas le payement des frais du procès et des dommages-intérêts, les peines accessoires, les incapacités. Toutefois les peines accessoires et les incapacités cessent d'avoir effet du jour où la condamnation devient non avenue, c'est-à-dire après la période de cinq ans franchie sans nouveaux démêlés avec la justice. Ces dispositions, dont je raconterais les métamorphoses successives, si le récit des divers incidents des débats parlementaires ne sortait de mon plan (1), ne donnent lieu à aucune remarque capitale. On peut pourtant se demander comment, en cas de confiscation, s'opérera après cinq années la restitution d'objets de nature à se détériorer rapidement. Je crois que la jurisprudence échappera souvent à cette difficulté (2), en traitant la confiscation comme une réparation civile attribuée au Trésor, et qui à ce titre lui est définitivement acquise. Cette idée apparaît dans un arrêt de la Cour de cassation du 19 novembre 1891 (3). Je formule ainsi la règle qui découle de cette courte étude : la loi Bérenger s'applique aux peines de l'amende et de l'emprisonnement, mais les conséquences de la condamnation ne sont pas suspendues.

Après la règle, les exceptions. Quelle est la portée de l'article 1? Ne laisse-t-il en dehors de ses prévisions que les peines criminelles? Non, une première restriction est imposée par l'article 7 de notre loi, et deux autres restrictions plus contestables ont été

---

(1) La commission du Sénat étendait la *faculté* de sursis aux déchéances que la condamnation entraîne ou que le juge prononce. Le Sénat, sur la proposition de M. Demôle, décida qu'en *aucun cas* la suspension ne pourrait s'étendre aux incapacités accessoires. La commission de la Chambre des députés revint à l'idée de la commission du Sénat et l'exagéra : elle ôta tout pouvoir d'appréciation aux tribunaux ; d'après elle, de la suspension de la peine principale devait résulter *de plein droit* la suspension des incapacités accessoires. La Chambre des députés adopta purement et simplement le texte voté par le Sénat ; et ainsi les commissions, presque d'accord entre elles, eurent toutes deux tort devant leurs assemblées respectives.

(2) Au moins en matière fiscale.

(3) D. P. 92, 1, 109.

déduites des principes généraux par la jurisprudence. Nous allons les passer en revue.

D'après l'article 7, les tribunaux militaires, j'ajoute avec tous les auteurs, ou maritimes, ne peuvent suspendre l'exécution des jugements qu'ils rendent.

S'il s'agit d'un militaire poursuivi devant un conseil de guerre, soit pour crime ou délit militaire, soit même pour crime ou délit de droit commun, point de doute ; toute idée de sursis est à rejeter pour des raisons de discipline, c'est l'espèce que notre article a principalement en vue. Mais il peut arriver qu'un non militaire soit poursuivi devant un conseil de guerre, et qu'à l'inverse un militaire soit poursuivi devant un tribunal de droit commun, que faut-il décider alors ?

Il est assez rare qu'un non militaire soit justiciable d'un conseil de guerre, pourtant cette hypothèse peut se rencontrer (article 77 du Code de justice militaire). Le conseil de guerre statue en ce cas selon le Code pénal. Quelques-uns ont prétendu qu'il ferait bénéficier à bon droit la personne étrangère à l'armée des atténuations dont elle pourrait être l'objet devant la juridiction du droit commun. Je combats cette opinion. De la rédaction très large de l'article 7 il me semble résulter clairement qu'aucune condamnation conditionnelle ne peut être prononcée par les tribunaux militaires ; ce serait par suite aller contre un texte formel que d'établir des distinctions basées sur la qualité des délinquants. Il arrive assez fréquemment qu'un militaire relève d'un tribunal de droit commun. Ce dernier peut-il lui accorder une suspension de peine ? Le problème est complexe. Seuls, les tribunaux ordinaires connaissent des délits de chasse, de pêche, de grande voirie, de douane, etc.....: commis par des militaires en toutes circonstances, ainsi que de la plupart des infractions dont des militaires en congé ou en permission ont été les auteurs. L'incompétence des conseils de guerre provient ici de la nature de l'infraction ou de la situation particulière du prévenu ; rien, à mon sens, n'empêche les tribunaux ordinaires de recourir aux pouvoirs que leur confère la loi Bérenger. Mais la question est véritablement ardue, quand les tribunaux de droit commun sont saisis en dehors de leur compétence normale. Je m'explique. Supposons qu'une poursuite comprenne à la fois des militaires et des individus non justiciables des conseils de guerre, d'après l'article 76 du Code de justice militaire, tous les prévenus indistinctement sont traduits devant les tribunaux ordinaires. La loi Bérenger est-elle alors applicable aux militaires? La négative a prévalu auprès de la cour de Besançon (10 juin 1891) (1), qui a réformé un jugement contraire d'un tribunal de première instance. La connivence des individus n'appartenant pas à l'armée ne doit pas, pense la cour, permettre aux prévenus d'obtenir un sursis qui n'aurait pas pu leur être concédé, en l'absence de complices civils. Ce motif est excellent, et je n'ose pas trop m'insurger contre un arrêt qui se fonde sur des considérants aussi logiques. Pourtant sur le terrain des purs principes, quelques réserves sont justifiées. La cour de Besançon a-t-elle bien suivi la lettre de l'article 7, qui ne vise que les condamnations prononcées par les tribunaux militaires, et, chose plus grave, n'a-t-elle pas interprété la loi contre les délinquants?

La jurisprudence ne s'en est pas tenue à l'article 7; elle a découvert deux autres limitations plus douteuses à l'article 1; elles sont relatives aux condamnations de simple police et aux amendes fiscales.

Je serais heureux de me ranger à l'avis de ceux qui, ne sortant pas des termes de l'article 1, reconnaissent aux juges de paix le droit d'user des dispositions de la loi du 26 mars 1891. Les contraventions en effet n'impliquent aucune présomption de perversité morale, elles peuvent être commises inconsciemment par l'homme le plus honnête, quelquefois par l'homme le plus vigilant; elles paraissent donc particulièrement dignes de la faveur de la loi. Cependant, à la suite de la Cour de cassation (5 mars

---

(1) Sir. 92, 2, 49. Voir la note qui accompagne l'arrêt.

1892) (1), je n'admets pas le sursis pour les infractions de cette espèce. La Cour de cassation se contente de dire : « que ni dés travaux préparatoires de la loi de 1891, ni de son texte, ni de son esprit, il ne résulte qu'elle soit applicable aux contraventions de simple police. » Je ne sais si ces affirmations laconiques sont suffisamment concluantes. D'autres raisons plus graves et plus précises me déterminent : ce sont les impossibilités auxquelles se heurte la doctrine opposée. Comment expliquer avec elle l'article 4 portant que la condamnation est inscrite au casier judiciaire, suivie de la mention de la suspension accordée, alors que tout le monde sait que les condamnations de simple police ne figurent pas au casier judiciaire ? Comment surtout rendre compte du délai quinquennal ? Après cinq années, jamais la première peine ne pourra être subie, puisqu'elle est prescrite par le laps de deux ans.

J'arrive aux amendes fiscales (douane, octroi, contributions indiréctes.) Elles présentent incontestablement certaines singularités indiquées par les lois : elles sont requises, non par le ministère public, mais par la régie ; la transaction de l'administration avec le prévenu arrête la poursuite, enfin elles peuvent être prononcées non seulement contre ceux qui ont participé à l'infraction, mais encore contre les personnes civilement responsables. (Loi du 6 août 1791, titre XIII, article 20.) Quelles conséquences déduire de là ? Je ne veux pas examiner les divers systèmes qui ont été proposés, j'adopte, sans l'apprécier, celui de la Cour de cassation. D'après elle, les amendes fiscales ont un caractère mixte. Elles conservent bien un certain côté pénal en ce sens qu'elles se prescrivent par cinq ans, que les héritiers du délinquant ne peuvent être traduits devant le tribunal correctionnel, mais le caractère de réparation civile attribuée au Trésor l'emporte, comme le prouvent les solutions suivantes à l'appui desquelles je pourrais citer toute une série d'arrêts : une seule amende est encourue, quel que soit

---

(1) D. P. 92, 1, 338. Voir les observations de M. le conseiller Bernard rapportées en même temps que l'arrêt.

le nombre des participants à la même infraction, les amendes fiscales se cumulent avec les peines proprement dites, la règle de la non-rétroactivité des lois régit les lois fiscales conformément à l'article 2 du Code civil, et sans l'exception favorable qu'elle comporte quand il s'agit de lois pénales. Telle est la jurisprudence constante de la Cour suprême; celle-ci restait donc d'accord avec elle-même quand, le 19 novembre 1891, elle cassait un arrêt de la cour de Rennes qui, en matière de contributions indirectes, avait infligé au prévenu une condamnation conditionnelle à l'amende (1).

J'intercale ici une question qui s'élève tant pour *l'infraction antérieure* ou *postérieure* que pour *l'infraction actuelle*, qui est donc commune aux deux premières divisions que je vous ai annoncées. L'envoi en correction des mineurs de seize ans rentre-t-il dans l'emprisonnement que mentionne trois fois l'article 1 de la loi de 1891 ? La réponse ne saurait être uniforme. Si le mineur est reconnu avoir agi sans discernement, il est acquitté; et l'envoi en correction facultatif pour le juge qui peut rendre le jeune délin-quant à ses parents, doit suppléer à l'insuffisance de l'éducation domestique; c'est dire qu'il n'est pas à proprement parler une peine : donc il se trouve en dehors de la sphère de l'article 1. Il en est tout autrement de l'envoi en correction du mineur déclaré coupable. Alors nous sommes en présence d'une véritable peine, c'est le mot dont se sert l'article 69 du Code pénal, et l'article 67 dispose nettement que le mineur sera condamné à tant d'années *d'emprisonnement* dans une maison de correction; la loi Bérenger peut s'appliquer. Qu'importe que la différence des deux situations ne soit que théorique? Je sais bien que la loi du 5 août 1850 (articles 3 et 4) place dans les mêmes colonies pénitentiaires les mineurs acquittés et les mineurs condamnés :

---

(1) D. P. 92, 1, 109. Dans cette affaire M. l'avocat général Baudouin a présenté des conclusions trop absolues. En les suivant à la lettre, on restreindrait le domaine de la loi Bérenger aux infractions de droit commun. Cette doctrine a été repoussée par l'arrêt du 25 mars 1892. (D. P. 92, 1, 309.)

mais la nature propre d'une mesure n'est pas changée par un mode d'exécution défectueux qui fausse l'esprit du Code pénal.

Le domaine de la loi Bérenger est maintenant circonscrit : nous savons que, sauf les jugements émanant des tribunaux militaires ou de simple police, sauf l'amende fiscale, il embrasse toutes les condamnations à l'amende ou à l'emprisonnement. Je raisonne désormais en supposant le sursis accordé, et je recherche l'influence de la conduite du condamné sur l'exécution de la peine. Deux hypothèses différentes s'offrent naturellement à l'esprit : le bénéficiaire de la suspension pendant cinq années n'a pas été poursuivi pour crime ou délit de droit commun, ou au contraire une infraction de cette espèce l'a, durant ce délai, ramené sur les bancs de la cour d'assises ou du tribunal correctionnel. Dans le premier cas, la condamnation ancienne, dit l'article 2, est « comme non avenue ». Formule énergique, qui montre que les fautes passées sont pardonnées, et qu'il ne doit rester aucune trace d'une souillure dont la société veut perdre le souvenir. Les peines accessoires, les incapacités, tout disparaît; la condamnation n'est plus inscrite sur les extraits du casier judiciaire délivrés aux parties, le délit postérieur à l'expiration de la période quinquennale peut entraîner une seconde application de la loi Bérenger. Je suis surpris de voir quelques commentateurs repousser cette solution; elle me paraît incontestable : l'infraction est censée commise par un délinquant primaire, puisque la condamnation ancienne est non avenue; rien n'empêche donc d'admettre un nouveau sursis. Toutefois la condamnation ancienne restant notée sur l'extrait du casier judiciaire présenté aux juges, ceux-ci, sans doute, feront rarement preuve d'une telle indulgence, qui passerait pour de la faiblesse.

Le rapporteur au Sénat, résumant tous ces effets, a dit très exactement que la loi crée la réhabilitation de plein droit. L'article 634 du Code d'instruction criminelle est ainsi conçu : « La réhabilitation efface la condamnation, et fait cesser pour l'avenir toutes les incapacités qui en résultaient. » L'article 1 et l'article 2 de la loi de 1891 ne reproduisent-ils pas ce texte dans son sens général, sinon dans sa lettre? Me retranchant derrière l'autorité d'un éminent magistrat de la cour d'appel de Dijon, auquel j'emprunte les idées qui vont suivre (1), je me permets de quitter un instant le rôle d'interprète dans lequel je m'étais jusqu'à présent renfermé, et d'adresser quelques critiques au législateur. L'importance de ce point, qui est comme le nœud de la loi, me fera pardonner la longueur de la digression et l'oubli momentané de mes promesses.

La réhabilitation, qu'on l'étudie dans notre ancienne jurisprudence, dans le droit intermédiaire ou dans le Code d'instruction criminelle, a toujours été considérée comme une mesure grave et solennelle soumise à des formes sévères. C'est l'antique *restitutio in integrum* du droit romain qui survit dans une matière spéciale. Sans faire l'historique de cette institution plusieurs fois modifiée, sans parler de l'appareil théâtral qu'avait imaginé l'Assemblée nationale de 1789, je rappellerai, arrivant tout de suite à la loi du 14 août 1885, qu'aujourd'hui la réhabilitation pour les résultats est comparable à l'amnistie et qu'elle est en même temps la consécration d'un droit. En effet, d'une part, l'homme réhabilité est réputé aussi honnête que s'il n'avait jamais été flétri par la justice, et d'autre part, l'examen sérieux par la cour d'appel même de la conduite du condamné écarte tout soupçon d'arbitraire. On comprend dès lors les garanties multiples établies par les articles 619 et suivants du Code d'instruction criminelle : le condamné doit avoir subi sa peine ou obtenu des lettres de grâce, justifier du paiement des frais de justice, de l'amende et des dommages-intérêts, prouver une résidence continue dans le même arrondissement, voire dans la même commune, se soumettre à une enquête minutieuse, et malgré tout la réhabilitation qu'il sollicite peut lui être refusée. Ce sont là sans doute des règles

---

(1) *La Loi du pardon.* (Discours prononcé à l'audience solennelle de rentrée de la Cour par M. l'avocat général Bernard, page 42 et suiv.)

étroites, mais elles s'imposent, étant donnée la plénitude des effets de la réhabilitation.

S'il en est ainsi, la loi de 1891 n'a-t-elle pas méconnu les idées traditionnelles inspirées par le souci de la défense sociale, en inventant une réhabilitation très facile à obtenir ? Le condamné est dispensé de l'exécution de la peine, pas d'enquête, nulle condition de résidence, la réhabilitation a lieu de plein droit en vertu de la loi elle-même, par ce seul fait que le condamné n'a pas encouru de nouvelles poursuites pour crime ou délit de droit commun. La loi est vraiment trop généreuse, et elle se contente de bien peu. Sait-on ce qu'est devenu pendant les cinq années d'épreuve celui auquel avait été accordé le sursis prévu par l'article 1 de la loi Bérenger? Peut-être a-t-il vécu dans la débauche la plus honteuse, a-t-il été soupçonné d'infractions dont on n'a pu suffisamment le convaincre, enfin, chose qui n'a pas encore été remarquée, peut-être est-il allé habiter quelque pays lointain, cachant sous un nom d'emprunt l'irrégularité de ses mœurs; peut-être a-t-il été frappé par la justice étrangère; la loi ne s'en préoccupe pas, la réhabilitation s'opère quand même. N'est-ce pas une prime à l'habileté, à l'hypocrisie? Une semblable *inelegantia juris* n'est-elle pas de nature à jeter le discrédit sur la réhabilitation expresse, récompense réservée à ceux qui ont donné de leur repentir des marques publiques et répétées, que la magistrature elle-même a déclarées non équivoques.

La réhabilitation légale est donc une innovation que le législateur n'aurait pas dû réaliser. Et pourtant il avait entrevu un système bien meilleur. Le texte primitif portait : « La peine sera purgée et la réhabilitation pourra être accordée, s'il y a lieu. » Là était la vérité. On voulait épargner au délinquant primaire le contact de la prison, l'affranchir de l'exécution de la peine; pour atteindre ce but, il n'y avait qu'à assimiler le délai quinquennal écoulé sans nouvelle comparution devant les tribunaux à la peine effectivement subie; il était inutile de pousser la clémence jusqu'à couvrir d'un voile la condamnation antérieure.

Mais à côté de cette critique doctrinale, la loi mérite un reproche d'un autre genre : elle établit une choquante inégalité entre deux individus dans la même situation. Prenons deux inculpés d'antécédents irréprochables, condamnés à la même peine, mais dont l'un obtient un sursis, qui, par suite de renseignements erronés, d'informations incomplètes ou pour toute autre cause, n'est pas concédé à l'autre. Le premier, pourvu qu'il se surveille, qu'il évite de tomber sous le coup des articles du Code pénal, au bout de cinq années sera réhabilité de plein droit; l'autre, malgré une vie exemplaire rachetant un instant de défaillance, doit forcément recourir à la procédure compliquée du Code d'instruction criminelle, dont les difficultés le rebutent sans doute. Il est vrai qu'il n'est pas obligé d'attendre cinq années, le délai de la réhabilitation expresse n'est que de trois ans pour les délits; mais cet avantage unique est minime, et la réhabilitation légale conserve une supériorité certaine, puisqu'elle est dispensée des formalités rigoureuses dont j'ai donné l'énumération.

Pour satisfaire entièrement l'équité, il aurait fallu, le principe contestable de la réhabilitation légale étant adopté, aller plus loin encore et en étendre le bénéfice, sous les conditions fixées par l'article 1, à tous ceux qui se sont rendus coupables d'une infraction pour laquelle ils ont vainement demandé une condamnation conditionnelle. Le juge a eu tort de ne pas écouter leurs protestations de repentir qui étaient sincères, ils ont surmonté les dangers de l'emprisonnement, pourquoi leur refuser ce brevet d'honorabilité que la loi décerne si libéralement à d'autres qui en sont moins dignes qu'eux?

Je ne veux pas m'attarder à ces regrets inutiles, et je discute l'hypothèse opposée, celle d'une condamnation nouvelle survenue dans le délai d'épreuve. La première décision recouvre toute sa force, et le délinquant est contraint d'abord à l'exécution de la première peine dont il avait été dispensé, de plus il est récidiviste et il doit être puni comme tel. Il y a deux infractions; pour chacune d'elles, il faut une répression spéciale, c'est ce qu'exprime le paragraphe final de l'article 1er : « La première peine sera d'abord exécutée, sans qu'elle puisse se confondre avec la seconde. » Ces derniers mots s'expliquent, on invoquerait inutilement l'article 365 du Code d'instruction criminelle, il s'agit d'une récidive, non d'un concours de délits. Mais le début du paragraphe « la première peine sera d'abord exécutée » est trop général. Fera-t-on subir au criminel condamné à mort un emprisonnement de quelques mois, de cinq années même ? Différera-t-on de la sorte le châtiment suprême pour obéir littéralement à la loi ? Non évidemment, ce retard prolongé serait une cruauté superflue, et les considérations d'humanité l'emporteront assurément sur les prescriptions légales.

Quelle est la cause de la déchéance du sursis ? J'ai employé jusqu'à présent les formules les plus diverses, sans viser à l'exactitude et sans préjuger la solution ; le moment est venu de préciser davantage. Faut-il s'attacher uniquement à la nouvelle infraction ou est-il nécessaire que la condamnation nouvelle se place elle-même dans la période de cinq ans ? Pour la plupart des auteurs, la question est toute simple, ils la tranchent sommairement. « C'est le délit seul, disent-ils, qu'on doit envisager ; car c'est lui, non le jugement, qui établit l'indignité du condamné » ; quelques-uns sont plus explicites : il ne peut, selon eux, dépendre du prévenu, qui prend la fuite ou crée des obstacles pour prolonger l'instruction, d'échapper par ce stratagème aux conséquences de sa faute. Je ne nie pas que ces raisons pratiques soient spécieuses, elles ont déterminé les meilleurs esprits, et, sans me poser en prophète, je prévois bien qu'elles convaincront aussi la Cour de cassation, quand en 1896 elle sera appelée à statuer sur la controverse. Mais dans notre législation positive, les arguments tirés du bon sens et de l'équité ne sauraient prévaloir contre un texte formel. Or je lis l'article 1 : « Si pendant le délai de cinq ans à dater du jugement ou de l'arrêt, le condamné n'a encouru aucune poursuite suivie de condamnation. » La révocation du sursis paraît bien subordonnée non seulement au délit commis, mais encore à la condamnation prononcée dans les cinq ans. Si la loi s'était contentée du délit, elle eût dit vraisemblablement : « Si pendant le délai de cinq ans le condamné ne s'est rendu coupable d'aucune infraction suivie, *même après le délai*, d'une condamnation. » Le sens de l'article 1 est au moins douteux, il faut donc se rallier à l'interprétation la plus favorable au délinquant, c'est sans conteste celle que je propose.

Ces inductions sont confirmées par les travaux préparatoires.

Le discours de M. Bérenger au Sénat (23 mai 1890) renferme une phrase significative : « Si pendant le délai de cinq ans l'inculpé n'est pas traduit de nouveau devant le tribunal (1). » M. Barthou, rapporteur à la Chambre des députés, est plus net encore : « A l'expiration du temps d'épreuve de cinq ans accompli sans poursuite ni *condamnation nouvelle*, la peine sera rayée du casier judiciaire (2). » La loi belge, guide du législateur de 1891, est très claire, article 9 : « La condamnation sera comme non avenue, si pendant ce delai le condamné n'encourt pas *de condamnation nouvelle* pour crime ou délit. »

Voyons le système adverse dans son fonctionnement.

Au bout de cinq ans la réhabilitation légale s'opère de plein droit. Supposons que sept, huit ou même quinze ans après la première condamnation, on découvre qu'un délit ou un crime avait été commis par le réhabilité dans la période quinquennale, la réhabilitation va-t-elle être non avenue? La flétrissure ancienne sera-t-elle censée n'avoir jamais été effacée? Comment qualifier cette situation bizarre qui peut durer jusqu'à dix ans? Est-ce une réhabilitation sous condition résolutoire? Mais où sont indiqués les caractères de cette institution étrange? La vérité est qu'il est impossible de laisser si longtemps dans l'incertitude les effets d'une condamnation. L'intention de la loi est qu'après cinq ans

---

(1) *Journal officiel* du 24 mai 1890, p. 490.
(2) Séance du 3 mars 1891. (*Journal officiel* du 4 mars 1891, p. 493.)

le sort du condamné soit réglé, et dans la théorie que je combats, le délai légal est en réalité prolongé de tout celui de la prescription de l'action publique pour le nouveau crime ou délit. De quel droit laisse-t-on, pendant quinze années entières, suspendue au-dessus de la tête du délinquant une sorte d'épée de Damoclès? Encore une fleur de rhétorique, que vous voudrez bien me pardonner! Le sujet que je traite n'y répugne pas complètement.

Enfin je reproduis un argument que j'ai déjà invoqué plus haut à propos des infractions de simple police : les peines correctionnelles sont prescrites par cinq années; si la seconde condamnation est postérieure de six années par exemple à la première, la prescription a fait son œuvre pendant le sursis; l'amende ne peut plus être exigée, l'emprisonnement ne peut plus être mis à exécution, l'article 1 devient absolument inapplicable. Texte, travaux préparatoires, principes généraux, tout me conduit à conclure ainsi : la déchéance du sursis est soumise à une double condition; pour qu'elle se produise, il faut que non seulement l'infraction, mais encore la condamnation se place dans la période fixée par la loi du 26 mars 1891.

J'ai examiné les principales controverses suscitées par la loi Bérenger, il me reste à déterminer la nature juridique du sursis. Il semble au premier abord que cette recherche soit facile, et qu'il suffise de lire la discussion pour y rencontrer des définitions irréprochables. Il n'en est rien. Devant les Chambres on a dit que « la loi substituait une peine d'ordre purement moral à la peine matérielle (1) », « que la décision du tribunal serait un avertissement avec une menace de sévérité plus grande (2). » Ce sont là des expressions oratoires dont nous ne pouvons nous contenter. M. Humbert au Sénat a parlé de condamnation sous con-

---

(1) Rapport de M. Bérenger au Sénat le 6 mars 1890. (*Journal officiel* du 29 mai 1890, annexes, p. 67, n° 17.)

(2) Discours de M. Bérenger le 23 mai 1890 (*Tournal officiel* du 24 mai 1890, p. 490.)

dition résolutoire ou plus simplement de condamnation conditionnelle (1); cette terminologie est devenue courante, elle est
très commode et je m'y suis moi-même souvent conformé.
Ce point de vue se justifie à merveille, en ce sens que si le délai
de cinq ans s'écoule sans accroc, la condamnation disparaît, mais
il pèche par un autre côté; nous savons tous que la condition
résolutoire ne fait pas obstacle à l'exécution immédiate de l'obli-
gation, or ici l'exécution de la peine est différée. J'écarte tout
rapprochement avec la grâce et l'amnistie, ce sont là des mesures
que les tribunaux ne sauraient prendre sans méconnaître d'une
façon flagrante la séparation des pouvoirs. Voici, je crois, le
système le plus satisfaisant : la condamnation est pure et simple,
mais l'exécution de la peine est subordonnée à une condition
suspensive *intra certum tempus*. Je m'explique en un langage
moins romain. Le juge dit à l'inculpé : « Je vous condamne à six
mois de prison, par exemple, mais vous ne subirez votre peine
que si d'ici cinq ans vous commettez une nouvelle infraction. »
La condition se réalisant dans le délai, l'exécution de la
peine commence aussitôt; elle ne peut plus au contraire être
exigée, si le délai se passe sans que la condition s'accomplisse.
Dans la rédaction primitive de l'article 1, ces idées étaient d'une
exactitude parfaite, l'arrivée de la condition dans les cinq ans
purgeait la peine et laissait subsister la condamnation prononcée
purement et simplement. Le texte du projet a été malheureuse-
ment bouleversé par la création de la réhabilitation légale, qui
met la condamnation à néant. Le contrecoup de cette innovation critiquable se fait partout ressentir; le sursis, tel qu'il a
été définitivement organisé, échappe à toute assimilation com-
plète, et il reste à lui trouver une dénomination juridique
convenable.

Cette controverse n'est pas exclusivement doctrinale, elle pré-
sente un certain intérêt pratique qui apparaît nettement dans une

(1) Discours de M. Humbert au Sénat le 3 juin 1890. (*Journal officiel* du 4 juin 1890, p. 532.)

espèce curieuse sur· laquelle la cour de Chambéry a statué
le 14 juin 1891 (1). Un condamné auquel on accorde un sursis
peut-il invoquer l'article 206 du Code d'instruction criminelle et
réclamer sa mise en liberté immédiate nonobstant appel? Pour
résoudre ce problème il est nécessaire d'indiquer brièvement
quelques principes de droit pénal. L'appel interjeté par le ministère public contre un jugement correctionnel suspend l'autorité
de ce jugement et l'exécution qui s'y réfère; la situation du
délinquant doit demeurer ce qu'elle était lors de sa comparution
devant les premiers juges. La loi du 14 juillet 1865, modificative
de l'article 206 du Code a'instruction criminelle, apporte à cette
règle une exception strictement limitative en édictant qu'en cas
d'acquittement en première instance, le jugement reçoit l'exécution provisoire malgré l'appel. Quoique je ne sois pas arrivé
à fixer nettement la nature du sursis, il est hors de doute qu'on
ne peut le traiter comme un acquittement même conditionnel.
Bien loin d'être renvoyé des fins de la plainte quitte et absous,
le prévenu auquel on applique la loi Bérenger est condamné
principalement à une peine afflictive déterminée; la clause suspensive, concernant l'exécution, est accessoire. Nous sommes
donc en dehors de l'exception, et nous rentrons dans la règle
générale, qui est que tous les éléments de la décision frappée
d'appel sont remis en question; la disposition accessoire, qui fait
partie du jugement, tombe elle-même sous le coup de l'appel, et
le mandat de dépôt originairement délivré garde tout son effet.
La cour de Chambéry a donc eu raison de repousser la requête
du délinquant, qui avait obtenu le bénéfice d'un sursis et qui
demandait sa mise en liberté malgré l'appel interjeté, en
s'appuyant sur l'article 206 du Code d'instruction criminelle.

A la nature du sursis se rattache une dernière question relative
au caractère facultatif que d'aucuns lui reconnaissent. Dans son
rapport au Sénat, M. Bérenger, opposant la réhabilitation de plein

(1) D. P. 91, 2, 298.

droit à la réhabilitation expresse, écrit : « Le temps d'épreuve pour cette dernière ne commençant à courir qu'à partir de la libération, le condamné conditionnel ne pourrait l'invoquer que si, renonçant au sursis, il exécutait réellement sa peine (1). » J'ai déjà dit que la réhabilitation légale, très simple dans ses formes, exige un stage de cinq années, tandis que la réhabilitation expresse, soumise à des conditions sévères, peut être accordée après trois ans en matière correctionnelle. On comprend alors l'avantage que le condamné trouverait à subir une peine minime pour purger plus tôt son casier judiciaire par une réhabilitation expresse. M. Bérenger, dans le passage que je vous ai lu, lui laisse le choix. Evidemment l'assertion du rapporteur est grave, et l'on éprouve quelque scrupule à la combattre. Cependant rien dans la loi ne montre que le sursis ait un caractère facultatif. Sans doute il est facultatif pour le juge qui le concède ou le refuse, mais non pour le condamné. Celui-ci ne peut obliger le ministère public à faire exécuter la peine contrairement à la décision du tribunal. La sentence passée en force de chose jugée doit être respectée intégralement, et il n'est au pouvoir de personne de la réformer. En vain on objecte que le sursis est une faveur pour le délinquant, que par suite une renonciation est admissible de sa part, cette idée est incomplète : la suspension est aussi une garantie pour la société. A la Chambre des députés et au Sénat, les orateurs ont souvent répété que la loi veut arracher les condamnés primaires au contact funeste de l'emprisonnement, les préserver contre ces enseignements pervers, ces fréquentations malsaines, ces dangers de toutes sortes auxquels les expose l'état actuel de nos lieux de répression. Ce sont donc des considérations d'intérêt général qui ont guidé les auteurs de la loi de 1891 ; dès lors, malgré le sentiment contraire de M. Bérenger, je n'hésite pas à déclarer qu'on ne peut laisser à la discrétion du condamné le bienfait que la société attend de la durée du sursis.

---

(1) Rapport de M. Bérenger le 6 mars 1890. (*Journal officiel* du 29 mai 1890, annexes, p. 67, n° 27.)

J'ai parcouru entièrement le programme que je m'étais tracé, j'ai achevé le commentaire un peu superficiel que je voulais vous présenter. Avant de terminer, qu'il me soit permis, en quittant ces controverses abstraites, de vous entretenir brièvement des résultats que la loi Bérenger est appelée à produire. Il serait dangereux de se bercer de folles illusions. Souvenons-nous des lois sur le régime cellulaire, la relégation, la libération conditionnelle. Elles avaient fait naître de belles espérances qui, on ne peut le dissimuler aujourd'hui, ont été cruellement déçues. Gardons-nous d'un optimisme irréfléchi qui nous conduirait à de pénibles mécomptes. La récidive ne disparaîtra pas du jour au lendemain comme par enchantement. Je pense que l'idée de la suspension des peines est bonne en soi, mais que l'efficacité de la loi Bérenger dépendra beaucoup de la manière dont elle sera appliquée. Les tribunaux ne devront accorder des sursis qu'avec une grande discrétion, d'autre part ils éviteront aussi de se montrer systématiquement rebelles à un principe nouveau. Assurément

« Entre ces deux excès, la route est difficile »,

comme l'a écrit Boileau. Mais on peut avec une confiance absolue s'en rapporter à la prudence des juges, ils sauront découvrir ce juste milieu qui dans la vie pratique, sinon en pure morale, est vraisemblablement le dernier mot de la sagesse. Mais n'ai-je pas tort de parler au futur? L'expérience passée n'est-elle pas concluante, et n'a-t-on pas le droit d'en tirer des inductions pour l'avenir? Réservons encore notre appréciation. La loi Bérenger n'est en vigueur que depuis un an et demi, ce laps de temps est vraiment trop court pour servir de base à des pronostics sérieux. Voici pourtant ce que nous apprennent les statistiques officielles. Pendant les neuf derniers mois de l'année 1891, les tribunaux correctionnels ont prononcé 162,582 condamnations à l'amende ou à l'emprisonnement (1), et 11,768 fois le sursis

---

(1) Ces 162,582 condamnations se décomposent en 97,245 condamnations à l'emprisonnement et 65 337 à l'amende. Pour les premières, les tribunaux ont admis 7,362 sursis (proportion 7,5 %) et pour les secondes, 4,406 sursis (proportion 6,7 %).

a été ordonné, la proportion est donc de 7 sursis pour 100 condamnations.

Mais pour donner à ces nombres leur signification véritable,
il faut déduire du premier toutes les condamnations qui ont
frappé des individus antérieurement punis d'emprisonnement ·
pour crimes et délits de droit commun. Or, la soustraction faite,
on trouve que du mois d'avril au mois de décembre 1891,
108,518 délinquants primaires ou prévenus n'ayant encore subi
que des peines pécuniaires, ont passé sur les bancs des tribunaux
correctionnels (1), et nous savons déjà que 11,768 d'entre eux
ont bénéficié des dispositions de l'article 1 de la loi Bérenger. On
peut en définitive retenir que les tribunaux font usage de cette
dernière environ 11 fois sur 100 (2). D'un autre côté, on relève
jusqu'au 31 décembre 1891, 201 rechutes, le chiffre des révocations est donc très faible; jusqu'à présent il dépasse à peine
1.5 pour cent.

Résultats très favorables, ont dit quelques-uns. Trop favorables,
dirai-je à mon tour, au risque de soutenir un paradoxe. Il importe
à mes yeux que les révocations soient assez fréquentes pour que
les condamnations conditionnelles éveillent dans l'âme des délinquants une crainte salutaire et qu'ils ne s'habituent pas à croire
que la première faute est aujourd'hui assurée de l'impunité. Il
faut que la réalité des faits démontre que le châtiment pour être
différé ne laisse pas d'être effectif et d'être mis à exécution en cas
de nécessité; qu'il n'est pas exact de prétendre avec un crimi-
naliste étranger que la loi Bérenger « a organisé l'ombre d'une

---

(1) La suspension de la peine a été concédée à 14 individus sur 100 condamnés à l'emprisonnement et pouvant bénéficier d'un sursis; pour les délinquants condamnés à l'amende
dans les mêmes conditions, la proportion s'abaisse à 7 %. La rareté relative des
condamnations conditionnelles à l'amende s'explique par le but de la loi Bérenger, qui est
avant tout de soustraire les condamnés aux dangers de l'emprisonnement. D'autre part, en
raison de la perversité morale que dénotent presque toujours les crimes, on comprend que
les cours d'assises aient usé sobrement des dispositions de la loi du 26 mars 1891 : elles
n'ont accordé que 39 sursis (proportion 5 % des accusés non récidivistes condamnés à la
prison).

(2) Dans le ressort de Dijon, la proportion a été légèrement inférieure : 10,2 %.

peine infligée par l'ombre d'un juge à l'ombre d'un prévenu (1). »
Pour conclure, en un mot, j'attends de la fermeté de la magistrature la preuve que l'antique proverbe « il n'y a que le premier
pas qui coûte » n'a pas cessé d'être vrai, et qu'il est au moins
prématuré d'y substituer cet aphorisme d'une nouveauté inquié-
tante : « le premier pas ne coûte rien ».

MESSIEURS,

Je suis l'interprète de tous mes camarades du Stage, en sou-
haitant la bienvenue à nos confrères de première année et en
adressant au Maître éminent (2) qui a dirigé nos conférences avec
tant de dévouement et de zèle l'expression de notre profonde
gratitude. Ses exhortations, ses leçons aussi éclairées que bien-
veillantes, guideront ceux qui entrent dans la carrière difficile du
barreau, mais elles seront aussi profitables à ceux auxquels
l'avenir réserve des fonctions moins périlleuses : elles répandront
sur leurs connaissances juridiques une lumière plus vive, et
surtout elles leur inspireront ces sentiments de justice et d'équité
qui doivent présider à l'application des lois, à la marche des pro-
cédures; en tout cas, elles nous affermiront, nous tous indistinctement, dans l'amour de ce droit que Mirabeau a pu appeler sans
exagération « le souverain du monde ».

---

(1) M. Pols, au congrès pénitentiaire de Saint-Pétersbourg Des idées analogues ont été
exprimées par M. le marquis de l'Angle-Beaumanoir dans le discours très humoristique
qu'il a prononcé au Sénat le 3 juin 1890. (*Journal officiel* du 4 juin 1890, p. 623.)
(2) M. le bâtonnier Gouget.

BIBLIOGRAPHIE

MAHOUDEAU. — *Commentaire de la loi du 26 mars 1891 sur l'atténuation et l'aggravation des peines. (Journal des Parquets,* 1891, n° 5, p. 73.)

LE POITTEVIN. — *Etude sur la loi du 26 mars 1891.* — *Des peines auxquelles s'applique le sursis. (Journal des Parquets,* 1891, n° 11, p. 178.)

BRÉGEAULT. — *Commentaire de la loi du 26 mars 1891 sur l'atténuation et l'aggravation des peines. (Lois nouvelles,* 1891, n° 7, p. 297.)

LABORDE. — *Questions pratiques sur la loi du 26 mars 1891. (Lois nouvelles,* 1891, n° 10, p. 401.)

GAUCKLER. — *Loi française du 26 mars 1891 sur l'atténuation et l'aggravation des peines. (Bulletin de l'Union internationale de droit pénal,* juillet 1891, p. 75.)

VALLET. — *La Loi Bérenger. (Résumé de jurisprudence et Répertoire analytique réunis,* juin 1891, n° 6, p. 91.)

DU CHÊNE. — *De l'Atténuation et de l'aggravation des peines.* — *Commentaire de la loi Bérenger augmenté des documents de jurisprudence les plus récents. (Revue catholique des Institutions et du Droit,* décembre 1891, p. 530.)

NÈGRE et GARY. — *La Loi Bérenger et ses applications.* (Librairie Giard et Brière.)

LOCARD. — *De la Condamnation conditionnelle.* (*France judiciaire,* 1891, n° 7, p. 193.)

BERNARD. — *La Loi du pardon.* — *Etude sur le projet de loi relatif aux condamnations conditionnelles.* (Discours prononcé à l'audience solennelle de rentrée de la Cour de Dijon.)

BROCARD. — *De l'Atténuation et de l'aggravation des peines.* (Discours prononcé à l'audience solennelle de rentrée de la Cour d'Alger.)

CAPITANT. — *La Loi du 26 mars 1891. (Revue critique de législation et de jurisprudence,* 1891, n° 6, p. 368.)

WORMS. — *La Condamnation conditionnelle suivant la loi française et les lois étrangères.* (Librairie Giard et Brière.)

PABON. — *Note sur l'arrêt de la Cour de Bordeaux du 14 août 1891.* (Journal la Loi du 4 novembre 1891.)

(2317) Imp. Jobard.

www.ingramcontent.com/pod-product-compliance
Lightning Source LLC
Chambersburg PA
CBHW060509210326
41520CB00015B/4166